Óvalos

Teddy Borth

Abdo
¡FORMAS DIVERTIDAS!
Kids

abdopublishing.com

Published by Abdo Kids, a division of ABDO, PO Box 398166, Minneapolis, Minnesota 55439.
Copyright © 2017 by Abdo Consulting Group, Inc. International copyrights reserved in all countries.
No part of this book may be reproduced in any form without written permission from the publisher.

Printed in the United States of America, North Mankato, Minnesota.

102016

012017

 THIS BOOK CONTAINS
RECYCLED MATERIALS

Spanish Translator: Maria Puchol

Photo Credits: Corbis, iStock, Shutterstock

Production Contributors: Teddy Borth, Jennie Forsberg, Grace Hansen

Design Contributors: Candice Keimig, Dorothy Toth

Publisher's Cataloging-in-Publication Data

Names: Borth, Teddy, author.

Title: Óvalos / by Teddy Borth.

Other titles: Ovals. Spanish

Description: Minneapolis, MN : Abdo Kids, 2017. | Series: ¡Formas divertidas! |
    Includes bibliographical references and index.

Identifiers: LCCN 2016947317 | ISBN 9781624026171 (lib. bdg.) |
    ISBN 9781624028410 (ebook)

Subjects: LCSH: Ovals--Juvenile literature. | Geometry--Juvenile literature. |
    Shapes--Juvenile literature. | Spanish language materials--Juvenile literature.

Classification: DDC 516/.154--dc23

LC record available at http://lccn.loc.gov/2016947317

Contenido

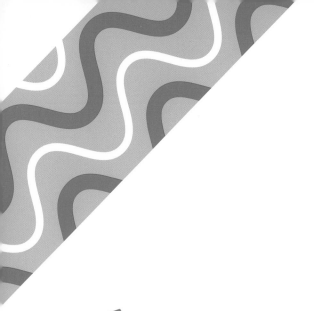

Óvalos

Un óvalo es un círculo estirado.

No tiene esquinas.

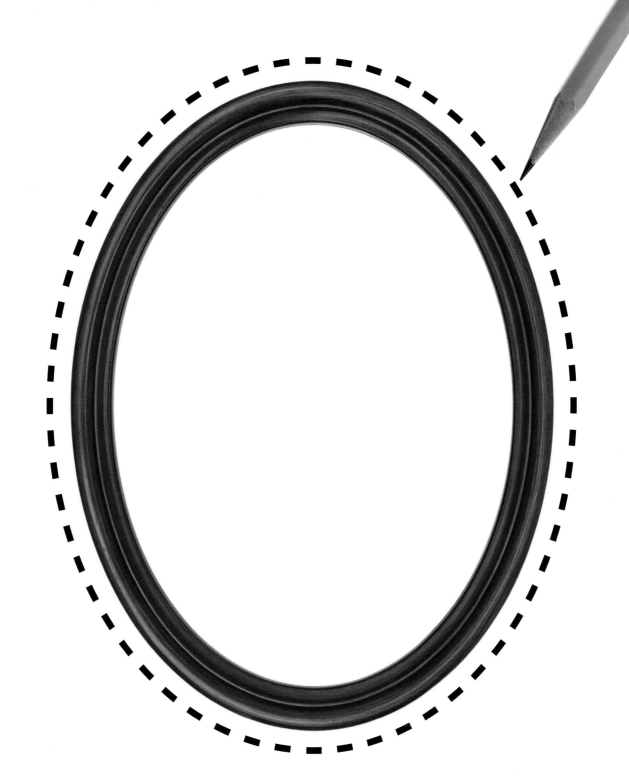

5

¡Hay óvalos por todas partes!

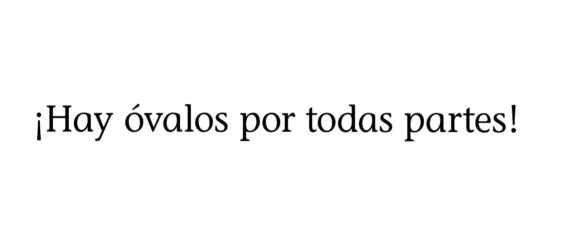

6

Los huevos tienen

forma ovalada.

8

Se puede jugar con los óvalos.

Kara golpea la pelota con uno.

La pista para autos tiene forma de óvalo. ¡Los autos pueden ir muy rápido!

13

Vemos óvalos en los espejos.

James usa uno para mirarse.

Vemos óvalos en los lentes.

Tom puede ver bien con ellos.

¡Vemos óvalos en el cielo!
Las ventanas de los aviones
son óvalos.

¡Mira a tu alrededor! Seguro que verás algún óvalo.

¡Cuenta los óvalos!

Glosario

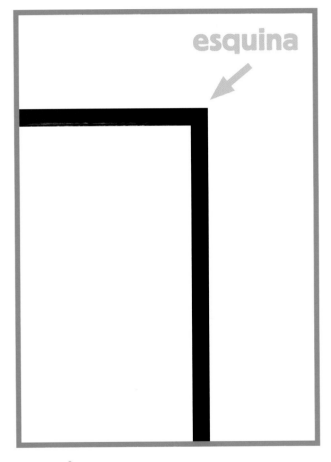

esquina

esquina
punto en el que se juntan
dos líneas.

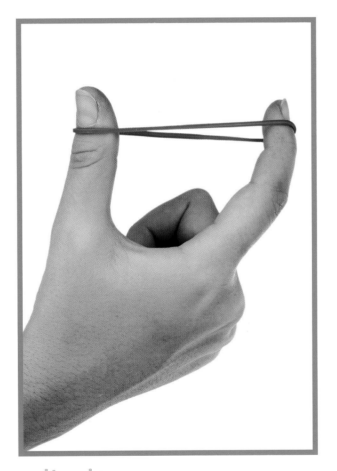

estirado
que algo se haga más largo
o ancho al jalarse.

Índice

abdokids.com

¡Usa este código para entrar en abdokids.com y tener acceso a juegos, arte, videos y mucho más!

Código Abdo Kids:
SOK1446

24